De Profundis, vals lento

José Cardoso Pires
De Profundis

Prólogo de João Lobo Antunes
Traducción de Carlos Manzano

LIBROS DEL ASTEROIDE

Primera edición, 2006
Título original: *De Profundis, Valsa Lenta*

Queda rigurosamente prohibida, sin la autorización escrita de los titulares del *copyright*, bajo las sanciones establecidas en las leyes, la reproducción total o parcial de esta obra por cualquier medio o procedimiento, incluidos la reprografía y el tratamiento informático, y la distribución de ejemplares mediante alquiler o préstamos públicos.

© Herederos de José Cardoso Pires, 1997

© de la traducción de *De Profundis*: Carlos Manzano, 2006
© de la traducción del prólogo: Libros del Asteroide, 2006
© del prólogo, João Lobo Antunes, 2006
© de esta edición, Libros del Asteroide S.L

Publicado por Libros del Asteroide S.L.
Santa Magdalena Sofía 4, bajos
08034 Barcelona
España
www.librosdelasteroide.com

ISBN 10: 84-935018-1-6
ISBN 13: 978-84-935018-1-5
Depósito legal: B 35.511-2006
Impreso por Reinbook S.L.
Impreso en España - Printed in Spain
Diseño colección y cubierta: Enric Jardí

Prólogo

Carta a un amigo nuevo

Mi querido Zé:

Acabo de recibir su manuscrito. Lo he leído con el alborozo de la primera visita a un recién nacido cuya gestación se siguió de cerca. Me ha encantado. Traía todavía consigo las marcas del parto: los trazos de su bellísima caligrafía —letra de escritor— que tanto me recuerda a la de un colega suyo e íntimo de ambos.

Al editor le habrá transmitido usted su deseo de que yo le escribiese un puñado de palabras a guisa de prólogo. No me lo pidió directamente porque temía, tal vez, que no aceptase el encargo, porque aun «gustándome escribir» soy bien consciente de hasta dónde debe ir el zapatero, y un prólogo para una obra suya era demasiado para este remendón.

Está claro que no me falta experiencia en el análisis y censura de manuscritos científicos, no tanto para corregirles el estilo —que muchas veces ni existe— como para sopesar el rigor metodológico, espigar los resultados, verificar citas, ajustar la lógica de las conclusiones. Aunque haya, tal vez sin usted quererlo, ciencia en su libro —y de la mejor—, cualquier corrección que le sugiriese en este sentido iría irremediablemente a estropearle el paladar.

Podría, es cierto, hablar de la llamada *epicrisis* del caso clínico, enunciando los síntomas iniciales, describiendo el cuadro establecido y su evolución, extrayendo doctas conclusiones sobre el tipo de lesión y su localización, recreándome —con la discreción que es propia de las cosas científicas— en el éxito del tratamiento, que no sé cuál fue —debo confesarlo—, aunque sospecho que el resultado final se debió simplemente al triunfo de un cerebro optimista.

Me considero capaz de semejante tarea, pero robaría a otros la oportunidad de lanzarse sobre su «caso», que constituye lo que ahora se conoce como un excelente *case study*. Un tipo de ejercicio que se ha puesto de moda, como también se ha popularizado auscultar maniquíes (de goma, se entiende), simular situaciones patológicas con actores entrenados para ello y otras invenciones pedagógicas que permiten al alumno aprender sin tocar enfermos de carne y hueso, todo ello por una concepción miope, según mi opinión, de cómo debe enseñarse el oficio hipocrático. Es evidente que así es imposible que los estudiantes conozcan el auténtico estado de «humanidad herida» que se encuentra en el fondo de cualquier trastorno.

Confieso que me ha resultado más difícil resistirme a la tentación de disertar sobre la relación entre enfermedad y creación artística, asunto que siempre me ha fascinado y que Sandblom trató con ejemplar erudición en su *Creativity and Disease*. Pero se ha dicho ya tanto sobre la influencia de plagas antiguas y contemporáneas: Keats, las Brontë, Júlio Dinis, António Nobre, Thomas Mann y tantos otros que sucumbieron a la tuberculosis o la sufrieron; las cataratas de Monet; la sífilis de Nietzsche, etc., etc.

Para mí es más interesante la experiencia de Chéjov, médico, enfermo y escritor, según el cual la Medicina era su mujer legítima y la Literatura su amante y que cuando se cansaba de una de ellas pasaba la noche con la otra. Ahora bien, reconocía que, si sólo pudiese contar con la imaginación para construir su obra literaria, poco tendría para escribir.

Los colegas suyos que se han asomado a mi profesión, con la posible excepción de aquellos que la cultivaban, raramente han sido amables con nosotros. Le recuerdo la venenosa pluma de Voltaire, según el cual las tres plagas de la humanidad eran la guerra, los padres y los médicos; y Montaigne, Molière y Bernard Shaw tampoco le iban a la zaga. En otra disciplina artística tal vez conozca usted el grabado de Goya en el que éste se retrata, en el lecho, con gran sufrimiento y un enorme asno tomándole el pulso. Usted no tiene este defecto y no intentó ocultar su gratitud. No me sorprendió, por lo que le conozco, pero me gustaría contarle que un día el maestro que me enseñó filosofía del arte y gran parte de sus técnicas, me dijo, impaciente: «*Gratitude is a killing sentiment*». Yo nunca lo he sentido así.

Debo decirle que existe muy poca producción literaria sobre la enfermedad vascular cerebral. La razón es simple: la enfermedad seca la fuente de donde brota el pensamiento o perturba el cauce por donde éste fluye y así es difícil, si no imposible, explicar a otros cómo se disuelve la memoria, se suspende el habla, se embota la sensibilidad, se contiene el gesto. Y, muchas veces, la agresión, como la que usted sufrió, deja una cicatriz definitiva que impide el regreso al mundo de los realmente vivos. Y por eso su testimonio es singular, como único es el lenguaje que utiliza para transmitirlo. Lo explicaré mejor: el conocimiento científico de las alteraciones en las funciones cerebrales superiores se obtiene, generalmente, con interrogatorios exhaustivos, secos, monótonos, recurriendo a tests preestablecidos, o sea, preguntas estúpidas, científicamente probadas y estadísticamente contrastadas (según dicen los especialistas).

Premeditadamente, y de eso doy testimonio, usted no quiso saber nada del sustrato neurológico de lo que le ocurrió. Una cena organizada con esa intención en un restaurante de su Lisboa, en el que el dueño me inmortalizó a su lado en una «instantánea» que luego se colgó debidamente, sirvió tan solo para conocer mejor al amigo a quien escribo y para prestarle aclaraciones elementales sobre la materia en estudio. Usted, que tiene un espíritu geométrico y no fue matemático porque no quiso, evitó deliberadamente darle al tema un tratamiento científico. Pese a todo no consiguió evitar un tratamiento literario: el texto tiene naturalmente el estilo que le confiere un experimentado y riquísimo lenguaje literario. Y, como alguien dijo, lo que caracteriza a éste es la técnica que impide que se convierta en una «forma utilitaria de comunicación». Pero, en mi opinión, su «historia clínica» sólo podría ser contada a su manera, lo que significa que los fenómenos que describe son más fácilmente aprensibles mediante instrumentos narrativos que mediante el relato minucioso de cualquier neuropsicólogo.

Debo confesar que en el pasado he intentado, aunque sin éxito, que pacientes míos con patologías y con un bagaje algo parecido al suyo —inteligencia, sensibilidad, capacidad de análisis, talento discursivo, distanciamiento introspectivo—, compartiesen con otros su historia. Uno de ellos, una mujer de excepcional perspicacia, me iba describiendo su recuperación motora y las estrategias que para ello utilizaba, con tal lucidez que estoy seguro de que iba recreando exactamente el programa genético que pone a un bebé primero a gatas, después de pie y finalmente le empuja a andar.

Otra, brillante músico, me iba contando cómo se alteró su relación con la música, desde el solfeo hasta el tablear de las notas, y cómo el instrumento se volvió un organillo de impertérrita brutalidad, sin modulación de sentimiento ni emoción.

Después de tan larga introducción pensará usted que, al final, tenemos prólogo. No, mi querido amigo, esto ha sido apenas el pretexto para lo que sigue, ha sido el preámbulo de esta «carta a un amigo nuevo». Nuevo en un doble sentido: primero, porque renovado por la salud (y su historia da una fuerza particular a la idea, que a mí me gustaría tratar un día con mayor profundidad, de la Medicina como triunfo del retorno); nuevo, para mí, al aceptarme en el círculo, que sé reducido, de aquellos a quienes estima. Ésta es una de las bondades accesorias, pero no menos preciosas, de la profesión que escogí.

Creo haber entendido que deseaba que yo diese testimonio especializado, aunque naturalmente accesible al lector lego, sobre lo que le sucedió. Aquí va por tanto, comenzando por la reconstrucción de los hechos.

Un sábado de mañana, dos días después del inicio de la crisis y obedeciendo la orden de un amigo preocupado (transmitida por otra amiga preocupada) me entregué a la misión, tan portuguesa, de «interesarme por su estado de salud». Es una creencia arraigada en el alma lusitana que la intervención de un médico importante apura el tratamiento, acelera la cura y le da al paciente, en fin, un estatuto de mayor hidalguía. Es como el «consúltenos directamente» en los catálogos de las casas de subastas elegantes al referirse a las piezas más caras. Me encontré de esa manera con el escritor a quien yo admiraba y cuya leyenda alcanzaba para mí una dimensión mitológica, en un sanatorio de precarias condiciones, pero que resultó ser el único local apropiado para acoger a un artista de su genio, sometido por un accidente como aquél. Prefiero «accidente» al «ataque isquémico transitorio» de la literatura anglosajona en el que, con algo de buena voluntad, se podría encuadrar su caso, pues su enfermedad duró más de un día. En cuanto a «ataque», me recuerda siempre una cita de Jules Romains: «La banda atacó el himno ruso, que se defendió bien».

Cuando le visité llevaba yo unos pantalones a cuadros de payaso «snob» como usted inadvertidamente teledifundió, pormenor ahora omitido, pero registrado entonces por una memoria indisciplinada, que grabó también, insólitamente, la imagen de la pulsera bordada de la neuróloga que le trataba. De la blancura del paisaje que le rodeaba iban naciendo fugaces fantasías cromáticas. Es natural que así fuera: Mondrian, quien supo mejor que nadie simplificar estas cosas, decía que el trazo y el color, y las relaciones entre ambos, son los que ponen en marcha el registro sensual e intelectual de toda la vida interior.

El gran choque, para mí, fue su habla. No había duda, José Cardoso Pires sufría de una afasia fluente grave, o sea, no era capaz de generar palabras ni construir frases que transmitiesen las imágenes y pensamientos que iban irrumpiendo en algún lugar de su cerebro. Su habla era desconsoladora: aturdida, incongruente, salpicada de parafasias, palabras en que los fonemas estaban parcial o totalmente sustituidos. Sin habla, escritura ni lectura, la Agencia Lusa fue concluyente: muerte cerebral, diagnóstico escandalosamente equivocado desde un punto de vista médico, pero humanamente certero.

También yo ejecuté aquellos tests y le hice las preguntas idiotas de costumbre para intentar adivinar hasta dónde la enfermedad había amordazado la voz que tantas libertades había proclamado. Sé ahora que una nave espacial lo había transportado a otra galaxia —metáfora que yo prefiero a la suya, más anecdótica, de la isla de los tres náufragos—, donde palabras como «gafas», «reloj», «cama» no tenían utilidad ni sentido y donde, para designar todos los objetos conocidos y los que estaban por inventar, se aplicaba un neologismo extraordinariamente eufónico de su invención: *simoso*. Salí desanimado e inquieto, pensando dónde rayos iba a encontrar un relojero que lo arreglase. Así y todo, había un resto de esperanza. La tomografía axial computerizada (o «TAC», o «taco», como la llama la gente) era normal. Esperanza débil porque ya se sabe que al principio, en estos accidentes, el tejido cerebral mantiene, como un resto de *coquetterie*, su imagen intacta. Para averiguar la profundidad y la reversibilidad del mal es preciso, pues, recurrir a otras técnicas más complejas que permitan levantar acta de los daños. Estaba claro para todos nosotros que un minúsculo coágulo de sangre se había desgarrado de su paciente bomba cardiaca, o de una arteria ancha, parcialmente oxidada, y había viajado hasta parar y obstruir, o bien había habido problemas en la canalización local. De cualquier modo un grupo de neuronas, de las de más rancio abolengo, se vio súbitamente privado de oxígeno para respirar y azúcar para alimentarse. Cuando eso sucede durante un periodo prolongado de tiempo (y no hace falta mucho), la célula nerviosa empieza a sufrir y la primera cosa que se altera es su membrana, dama de permeabilidad aristocráticamente selectiva. Entran entonces sodio y calcio y sale potasio y se producen sustancias que los químicos llaman radicales libres, causantes de los mayores males, como cualquiera podría adivinar por su nombre, pues ya se sabe que los radicales no deberían andar sueltos. Después, poco a poco, se agota la energía y la célula se deshace y muere.

Pero, cuando esta privación de oxígeno y nutrientes no es total, la célula entra en una especie de hibernación, en el universo de lo que los especialistas denominan «penumbra isquémica» o con el nombre, aún más poético, de «bella durmiente». Los frentes de la lucha terapéutica buscan la reconstitución de la permeabilidad del vaso comprimido; o bien la prolongación de ese estado de hibernación protectora y la estabilización de la membrana, como si se reforzase la policía fronteriza.

Si bien en esa esfera de conocimiento el progreso conceptual de los últimos años es notable, las victorias decisivas van surgiendo más lentamente. Es evidente que en siglos no muy remotos, en situaciones de apoplejía, diagnóstico que habría sido inevitable en un caso como el suyo, se recurría a la sangría. El pobre Luis XIII sufrió en un solo año cuarenta y siete, además de doscientas doce purgas y doscientos quince enemas. No hace falta decir que murió joven.

Desde luego podría exponerle científicamente los posibles mecanismos por los cuales se produjo su *restitutio ad integrum*. Aunque no sé, ni para el caso importa, cuáles fueron. Tengo otras dos explicaciones originales: una tal vez poco científica y otra digna de una reflexión más madura.

La primera es que usted simplemente tuvo suerte; no hay nada malo en ello. El enemigo se quejaba de Napoleón porque tenía generales con suerte, a lo que el Emperador replicaba que no le gustaban los generales sin suerte, principio para mí fundamental en el ejercicio de la profesión.

La segunda es que el área que usted dejó temporalmente hambrienta y sedienta —y por la cual hablaba, leía y escribía, funciones todas ellas en las que usted es excelso— estaba más musculada que la del común de los mortales. Y esto no es una invención, porque hoy se sabe que los dueños de un oído absoluto, a quienes les está permitida la identificación inmediata de cualquier sonido —Mozart lo poseía en forma admirable— tienen la zona auditiva del córtex cerebral indiscutiblemente hipertrofiada.

Aunque había prometido huir de la exégesis neurológica de su texto, no puedo dejar de mencionar algunos puntos que obligarán a la reflexión de los estudiosos y que justifican mi tesis de que su manuscrito será una contribución importante en esta materia.

El primero se refiere al misterio que desde siempre ha intrigado a los estudiosos de la afasia y que se refiere el estado mental de los afásicos, o sea qué piensa y cómo aquél que no consigue en modo alguno comunicar su pensamiento. Cuestión ésta tan inquietante, por cierto, como la de intentar entender lo que sienten aquellos que se encuentran en el llamado «estado vegetativo persistente», en cuya intimidad tememos penetrar, olvidando tal vez que las flores también sufren.

Pienso que el pudor al narrar toda la intensidad de su sufrimiento o el bálsamo del olvido inconsciente suavizaron su descripción de la angustia que provoca la pérdida de la identidad: el aislamiento sin nombre, sin firma y sin memoria. Éste es uno de los puntos más intrigantes del caso porque, en nuestros esquemas anatómico-funcionales, la memoria no reside en la zona lesionada en su caso. Curiosamente, usted une siempre memoria e imaginación, ingredientes indispensables e indisociables, a fin de cuentas, de su creación literaria. En un mundo sin coordenadas espaciotemporales, por lo tanto «afísico», inundado de luz helada, del «neón» de un café de provincias, ¡usted no tuvo miedo!

Las lágrimas de los amigos lo dejaban perplejo. Es cierto que el otro hemisferio, el no dominante, seguía trabajando, ocupado en vigilar la caldera de sus emociones. Lesiones en ese hemisferio —el derecho— dañan la capacidad de organizar una narración, de contar una historia, escribir una carta o reír con una anécdota. De eso usted se libró.

También desde un punto de vista semiológico es fascinante el uso surrealista del cepillo de dientes, que en cambio usted interpreta, tal vez correctamente, como la jugada de una memoria traviesa.

¿Y qué decir de la misteriosa escritura, casi cirílica, que se inventó? Por mí sigamos adelante, por respeto a la belleza de su explicación, ignorante también de su sentido fenomenológico.

Toda su narrativa avala aún más los pilares sobre los que se erigió la neurología tradicional, que hoy sólo se mantienen en pie por razones operacionales... y operatorias. De facto, la explicación clásica es que una lesión en una zona determinada causa la pérdida de una función específica, *ergo* esta función tiene allí su sede. Habría así zonas «elocuentes», de las que huyo como el diablo de la cruz, ya que su invasión equivale a desastre y otras, llamadas en nuestra ignorancia «no elocuentes», campo abierto para mis batallas con el Enemigo.

Es evidente que este esquema resulta de una simplicidad angustiosa, pero ha servido, por ejemplo, para que un psiquiatra patoso del siglo pasado hiciese extirpar «su» área para hacer callar las alucinaciones auditivas de los esquizofrénicos.

Hoy se sabe que no existen centros individualizados sino redes neuronales sincronizadas que enlazan múltiples zonas funcionales. Al mismo tiempo estamos intentando comprender la arquitectura neuronal de funciones tan complejas como la conciencia, la atención, la voluntad, la propia memoria, por no hablar de otras, únicas de la raza humana, como el juicio moral o el genio artístico.

Un día usted regresa, escritor que vino del blanco, e inmediatamente se pone a observar y a absorber a los dos pajarracos enfermos que el destino colocó a su lado y los enreda en su trama creativa, instrumentos inocentes de una terapia ocupacional que lo redime. Ahí hasta yo participo, hecho un Godot o un General en su laberinto. Y la música de la escena era la canción de esperanza, *Forever*, no el *Nevermore* del cuervo agorero. Y fue reanudando la lectura y la escritura, a pequeños pasos, en sorbitos bebidos con delicadeza.

Estaba finalmente listo para la partida, recuperadas las coordenadas de espacio y tiempo y todos los demás sentidos, que al final son más de cinco. Y Lisboa, que le echaba de menos, le abrió los brazos.

Pero la historia no acaba aquí. Como usted cuenta, en algún sitio entre la tierra y el cielo, alguien estaba entonces reconstruyendo el cerebro de su personaje, quién sabe si al son del *Cuarteto de las disonancias*, o K 465, de Mozart. ¡Qué elección tan inspirada!

Tal vez no sepa lo que sobre esta admirable obra escribió Maynard Solomon, en una biografía reciente del compositor: «Aquí (en el primer movimiento, el adagio), Mozart simula el propio proceso de creación, mostrándonos los elementos del caos y su conversión en forma (...) la transición de la oscuridad a la luz, del mundo subterráneo a la superficie (...) y ahora, en el alegro, el tema emerge, elevándose, libre ya, superado el miedo a la aniquilación». Como ve, la armonía es total.

La carta se ha hecho demasiado larga y de ello me arrepiento. Así y todo, creía que tendría mucho más que decir, sobre todo para demostrarle que este *brainchild* suyo es un testimonio impresionante de cómo el genio creativo florece en el sufrimiento.

Una última palabra. Keats creía que el desafío de

la poesía del futuro era «*thinking into the human heart*». Los científicos del siglo XX y los del XXI saben que la tarea es *thinking into the human brain*, pues continuamos sin saber por qué «el binomio de Newton es tan bello como la Venus de Milo», pero como decía un personaje de nuestro Eça, ciertas cosas no se saben y es preferible que no se sepan. ¿No será mejor así?

Ab imo corde.

JOÃO LOBO ANTUNES
Pascua 1997

De Profundis, vals lento

«Cuando perdiste el sueño y la certeza,
te volviste desorden, te volviste nube.»

Simónides de Ceo,
*Epitafio para los
caídos en las Termópilas*

Enero de 1995, jueves. En bata y con el cigarrillo apagado en los dedos, me disponía a desayunar en la mesa a la que ya estaba sentada mi mujer con Sylvie y António, que habían llegado la víspera a Portugal. Creo que di los buenos días y que, aunque sereno, traía una palidez de cera. Fue en una mañana cenicienta que nunca jamás olvidaré: las personas hablaban no sé de qué y yo recorría la sala con la mirada: el suelo, las paredes, el enorme plátano por detrás del balcón. Me detuve en la taza de té y ahí me quedé. «Me siento mal, nunca me he sentido así», murmuré con fría tranquilidad.

Silencio brusco. Yo y la taza ante mis ojos. De repente me vuelvo hacia mi mujer: «¿Tú cómo te llamas?»

Pausa. «¿Yo? Edite». Nueva pausa. «¿Y tú?»

«Parece ser Cardoso Pires», respondí entonces.

«*¿Y ahora, José?*
[...] *¡Te marchas, José!*
José, ¿adónde?»

Carlos Drummond de Andrade

Aún hoy sigo oyendo aquel «*parece ser*». Resulta espantoso cómo mi *yo* se transformó bruscamente allí en *otro alguien*, en otro personaje menos inmediato y menos concreto.

En esta introducción a la pérdida de la identidad que un trastorno cerebral acababa de desencadenar, lo que me parece, desde luego, implacable e irreversible es la precisión con la que en tan rápido lapso me vi desposeído de mis relaciones con el mundo y conmigo mismo. Como si acabara de iniciar un proceso de despersonalización (*Él* —o mi nombre— *es*) que, encima, se volvía más ajeno y abstracto por la imprecisión de *parece ser*. Además, la circunstancia de haber respondido a Edite con el apellido y no con el nombre de pila, el más íntimo entre marido y mujer y el único que nos resultaba natural, es otro indicio del distanciamiento provocado por el golpe del azar que me había privado de memoria y de pasado.

Él, el Otro. El Otro de mí. Al instante, Edite ya

estaba hablando por teléfono con los médicos sobre ese alguien impersonal que yo estaba empezando a ser. Yo la oía desde el centro del vestíbulo con gran serenidad. Sabía —eso creo— que algo me ocurría, algo oculto, activo, pero en aquel momento ya empezaba a oír y a sentir sólo *de paso, sin retener.* (Aun así, tenía algún conocimiento de la ansiedad que me rodeaba: «Esto no va a ser nada», creo haber dicho a Sylvie, cuando la descubrí en el pasillo, atenta a las llamadas por teléfono de Edite.)

Recuerdo que aquella mañana fue invadida por un aguacero desalmado, se oía una lluvia gruesa y pesada allí fuera, pero debió de ser pasajera, porque, cuando acabó, Edite aún seguía al teléfono. A partir de entonces lo único que sé es que me puse a afeitarme delante del espejo del cuarto de baño con la pasividad de quien afeita a un ausente... y allí fue.

Sí, allí fue. En la medida en que es posible localizar una fracción más que secreta de vida, fue en aquel lugar y en aquel instante cuando yo, cara a cara con mi imagen en el espejo, pero ya desligado de ella, me convertí en Otro sin nombre y sin memoria y, por consiguiente, incapacitado para la menor relación pasado-presente, de imagen-objeto, del yo con otro alguien o de lo real con la visión que entraña lo abstracto. Él. El mismo al que la mujer (Edite se llama, pero nada garantiza que ese hombre aún conozca su nombre, que no la considere un simple hecho, una presencia), exacto, ese mismo Él, al que Edite encontraría, poco después, peinándose con un cepillo de dientes antes de partir con urgencia para el Hospital de Santa Maria y el mismo al que una enfermera sorprendería días después en la misma operación delante del espejo en el lavabo de la habitación.

Días después, ¿cuándo?

Sin memoria, se desvanece el presente, que simultáneamente es ya pasado muerto. Se pierde la vida anterior... y la interior, claro está, porque sin referencias del pasado, mueren los afectos y los lazos sentimentales, y la noción del tiempo, que relaciona las imágenes del pasado y que les da la luz, y el tono que las data y las vuelve significativas: eso también. Es verdad, también eso se pierde, porque la memoria, como aprendí por mí mismo, es indispensable para que se pueda no sólo medir el tiempo, sino también sentirlo. Así, al ver a mi Otro yo peinándose con un cepillo de dientes en una habitación de hospital (según me contaron más adelante), me pregunto cuántas veces le sucedió aquello y al instante veo a una enfermera aparecérsele por detrás y cambiarle el cepillo por el peine, sin un comentario, sin una palabra siquiera, pura y simplemente con la práctica de quien ejecuta una rutina, y a él obedecerla sin la menor resistencia: él, como cumpliendo el papel que le corresponde en dicha rutina. ¿Siempre ese juego?, me pregunto.

Tal vez. Es posible que la aceptación apática del

error se debiera a su incapacidad mnemónica para relacionar... y, por tanto, para preguntar. Es posible. Para él, ahora o ayer era todo otrora, mundo ajeno, o como tal, y desinterés: el constante y desinteresado desinterés del hombre deshabitado de personas y lugares, de tiempo y sentimientos.

¿Apatía, en ese caso? En esta fase del proceso admito que no se tratara propiamente de apatía, serán los médicos quienes podrán decirlo. Que yo sepa, él al principio sabía que estaba enfermo. O tendría una mínima percepción de la imposibilidad de vincularse con los demás, imposibilidad con la que convivía y aceptaba con naturalidad. Recuerdo incluso que, al observar algo que le llamaba la atención, lo dejaba de lado instintivamente, porque estaba convencido de que un segundo después iba a olvidarlo.

El de oír y percibir, mientras oía, pero desconectar rápidamente, era el plano en el que se movía. Oír y al instante desconectar. Desconectar. Y ver: ver también contaba. Ver a personas (figuras) a través de un cristal mudo y perderlas acto seguido: todo ello sin angustia, como quien llenara el tiempo con una serenidad terminal, como quien, en la desertización que lo invadía, fuera avanzando hacia la muerte cerebral en un escenario de contornos indiferentes.

En las *Poesías* de Drummond de Andrade, que tengo ahí, en la estantería, José caminaba, pero ¿hacia dónde, José?

*«Ya no soy yo, sino otro que
apenas acaba de comenzar»*

Samuel Beckett

Blancura hospitalaria, susurrada y sonámbula, está aquí. Una atmósfera de quietud surcada por palabras sin rastro. Así era el universo al que desertó ese Otro a quien acompañé con los desvanecidos recuerdos que traje de él o con los relatos de mi mujer y de los amigos que me visitaron.

Desde la mesa en la que estoy escribiendo, me sigo en esa relación o, mejor dicho, lo sigo a Él desde que entró, codo con codo con Edite, en la recepción del hospital, en la que lo esperaba un médico conocido nuestro. Supongo que lo reconoció. Lo reconoció, seguro, pero probablemente sólo su figura, aislado de cualquier marco. ¿O no? «¿Sabe quién soy yo?», le preguntó el medico. «Lo sé», fue la respuesta, «lo que no recuerdo es el nombre».

Dicho eso, ni una palabra más. Subida al Calvario en un ascensor cargado de camillas con enfermos de ojos cerrados (ésa fue la imagen que se me quedó grabada) y allí, muy arriba, muy en el fin, una voz de gafas centelleantes con una primera observación: «Lo más probable es que deba quedarse ingresado».

Y entonces Él, muy rápido: «Ingresado, no». (Ahí ya se echa de ver aún un último resto de mí, que protestaba.)

Desde aquel momento en adelante lo vi llevado, de pasillo en pasillo, hasta los rompecabezas de la tecnología clínica, placa tras placa, registro tras registro, análisis, electrocardiogramas, exámenes del habla y la escritura, un TAC, una inspección de las carótidas. «Pero, ¿qué hago aquí?», preguntaba él cuando lo dejaban solo con la mujer.

No sé, no puedo decir, si en aquel momento aún hablaba con claridad o si ya había empezado a desmantelar las palabras con el silabear consonántico que todo el mundo fingía no advertir, pero, por intuición o por lo que fuera, él debía de tener alguna percepción de esa afasia, porque muchas veces cortaba la frase o cesaba de expresarse, al tiempo que hacía un gesto de renuncia y ponía una sonrisa de resignación. Déjenlo, no vale la pena, era lo que aquello significaba. Daba la idea de que de momento sabía lo que pretendía comunicar, pero ya no dominaba las palabras.

Continúo siguiéndolo. Al principio hubo una u otra situación en que nos confundimos y fuimos uno solo. Situaciones escasísimas, debo añadir, breves claridades de conciencia, pero en menos que canta un gallo ya se había perdido él de mí e iba arrastrando una niebla por el hospital.

El informe neurológico fue terminante: accidente vascular cerebral de gravedad muy acentuada, un coágulo de sangre que había subido (¿desde el corazón?) hasta la zona noble del cerebro y bloqueaba firmemente la arteria. No era un problema hemorrágico —¡ojalá lo hubiese sido!—, por lo que, según explicó a Edite un especialista del Servicio de Neurología, el recurso a la cirugía no presentaba demasiadas perspectivas de solución. Así —añadió—, la situación se presentaba bastante difícil, un caso de isquemia con recuperación lenta y frecuentemente incompleta. Desde el punto de vista motor, no había por qué preocuparse, el enfermo se bastaba a sí mismo, pero el centro del habla y la escritura estaba profundamente afectado y podía conducir a una supervivencia en una total incomunicabilidad.

Incomunicabilidad, pues, incomunicabilidad total: ni voz ni escritura ni lectura tampoco. Muerte cerebral: con esta expresión comunicó la Agencia Lusa la noticia a la prensa allende las paredes del Hospital de Santa Maria. Muerte blanca, apunto yo en lo alto de esta página en la que estoy reconstruyendo paso a paso a ese Otro que, cogido de la mano de Edite, se encamina hacia la habitación en la que va a ser internado.

Va sin ver, se nota. Va, fue, siguió y, cuando llegó allí, no sé si estaba ya entregado por entero a la falta de voluntad que lo alejaba de lo que sucedía en él y a su alrededor, no sé, no me hago idea, pero, lo estuviera o no, en la habitación que le habían destinado había dos rostros que lo espiaban en dos camas. Lo veían también bajo las sábanas, pero boca arriba y sonriendo. ¿Sonriendo? Sería un trazo pálido en la palidez general, supuestamente dirigido a la enfermera que estaba conectándolo al suero, aunque ni siquiera la mirara, o una sonrisa para él y nadie más: otra hipótesis. En cualquier caso, estaba inmóvil y sonriente, ¡hay que ver! Así lo veían los dos enfermos con los que iba a compartir la habitación y así estoy describiéndolo yo, dos años después: blanco, blanco, con luz gélida y la mujer a la cabecera que le cogía la mano. Junto a ella, pero totalmente vuelto hacia la distancia.

Así también se lo encontró una joven médico que fue a observarlo con las primeras preguntas en tono de quien acude a repetir la lección.

Preguntas expeditivas, conviene decirlo, al menos fue lo que le pareció a él una aproximación semejante y, como tal, con respuestas prontas debió de despacharla. Deformadas o no, respuestas prontas y la cara eternamente dirigida a una extensión cualquiera. ¿Sería realmente una extensión, un espacio yermo, a lo que miraba? Poco importa. Horizonte, interrogación o nada, en esa dirección estaba respondiendo al examen y, lamentablemente, con el desprecio y la irresponsabilidad que eran de esperar, según parecía anotar la médico por la forma de escucharlo, por lo insólito de los errores con que correspondía él al diagnóstico que se le había atribuido: confirmaba con el silencio de su mirada, claro, todo correcto, todo conforme. «Ahora», se despidió ella, «lo que hace falta es ponerse bien pronto para volver a escribir. ¿De acuerdo?».

¿Escribir?

Günter Grass, *Malos presagios*, dibujo 1992. © VG Bild-Kunst, Bona 1996.

¿Qué quedaría de mí en el hombre que se quedó allí tendido sin esperar cosa alguna?

Debe de ser una abstracción nebulosa estar así, en una isla de náufragos, atado al suero que nos llega por un hilo vinculado con una hipótesis de vida. Tres náufragos en total: no hay que olvidar que en aquella habitación hay otros dos rostros tan nulos, que los toma por ausentes. Insisto en esto porque, a sus ojos, esas criaturas debían de ser dos sombras y poco más. Dos sombras aplanadas en dos camas de hospital, que lo observaban para descifrarlo, saber de quién se trataba, cuál era su porqué o su rumbo. Una de esas sombras durante la noche roncaba estrepitosamente, pero, ¿lo notaría el Otro que yo era allí? Si lo notaba, lo olvidaba.

Lo dejaron tras una ventana sin paisaje, en un tiempo velado, vacío. Cuando menos lo espero, descubro que alguien se aproxima a él con una ficha de paciente en la mano: otra médico. Le habla con simpatía atenta, mientras le hace pregunta tras pregunta. Le señala la taza que está encima de la mesita a su cabecera: «¿Qué es esto?» Se detiene. Espera, mirándolo. A continuación un bolígrafo: «¿Y esto?». «¿Y esto?», vuelve a preguntar con una llave u otra cosa en la mano.

Él nota que están investigándolo: por anulado que se encuentre, no se considera tan al margen como eso. Lo nota, no me cabe duda (recuerdo esa reacción mía en el primer interrogatorio), pero lo que ignora es que ya no identifica los objetos que le presentan: un pañuelo, un anillo, la moneda sacada al azar del bolsillo de la bata, en la práctica objetos más que simples de la circulación corriente y principalmente relojes, relojes de pulsera, las agujas y la lectura de las horas. Sí, relojes. El Otro de mí naturalmente que los conoce como piezas, instrumentos, sin interior, *sin razón*, pero me parece que sólo de vista, porque los había separado de las referencias: exactamente como le sucedía con las personas que en tiempos habían estado más próximas a él.

Tiempo después, cuando la familia y los amigos me describieron paseando con el alma ausente por el anochecer de la memoria, supe lo disparatada que era la nomenclatura que atribuía a los objetos por los que le preguntaban o los que, de tarde en tarde, pretendía enunciar. *Simosos* (?), por ejemplo, funcionaba con varios significados. Tanto podía ser «cuchilla de afeitar» como «gafas» o «cuña», dependía de cualquier indecisión momentánea, quiero pensar. «Cachimba», objeto que nunca en la vida tuvo nada que ver conmigo, la interpretó como sinónimo de «chinelas», y, como éstas, otras varias designaciones de sentido aleatorio o intraducibles, porque incluso las pronunciaba con distorsiones.

Si no lo entendían cuando preguntaba, olvidaba y seguía adelante (se lanzaba hacia su horizonte desierto), pero, cuando le preguntaban (en los exámenes iniciales de la memoria, de los que me viene ese recuerdo), entendía o intuía que estaban poniéndolo a prueba con perspicacias ingenuas y algo ridículas. Eran una exhibición de desperdicios más que vistos y sabidos, aquellas pruebas. Un juego de fingimiento frustrado desde el comienzo, pensaría él en aquel momento y a saber si no sonreiría tristemente por dentro. En el fondo, esa actitud era simplemente la acostumbrada desconfianza del enfermo en terreno de riesgo y de valores desconocidos, la prevención de siempre contra la subestimación o la humillación, al considerarse evaluado por una prueba muy primaria en la que colaboraba —¡qué remedio!— con una complacencia resignada y hasta con una sombra de ironía. Ironía: ¿sería con eso con lo que intentaba resarcirse?

Claramente, no. Adoptar la observación que presupone la ironía con la captación de señales que requiere no me parece fácil en las condiciones en que mi Otro divagaba. Ahora bien, hubo al menos una vez en que, tanto por su parte como por la mía, esa intención existió. Con cierta claridad —o casi— y de tal modo, que aún hoy considero seguro que incluso en un guiñapo de individuo despojado de memoria (y, por tanto, de imaginación) pueden despuntar a veces fragmentos de ironía como instintos culturales, si es que podemos llamarlos así, que son residuos del pasado de quien ha quedado desconectado. Será una ironía desdichada, no digo que no, pero, de todos modos, una ironía: un intento de respuesta por su parte para compensar la situación de desventaja en que se presiente; una agitación de su lado crítico, diría yo ahora, una agitación, un disimulo del caos de la irreflexión.

La prueba de que hubo un impulso de afirmación de ese tipo radica en mi respuesta al ejercicio propuesto un día por la neuróloga que dirigía mi tratamiento («¿Cuánto es once menos nueve?»), al proponerle la primera solución —ingeniosa, pretendía yo— que me vino a la cabeza. «Cero, señora doctora. Cualquier cosa menos nueve da cero».

(Me apetece anotar en este punto de mi narración el cuchicheo de la infancia que me asaltó con una broma sobre una tabla escolar. Hace años, hace siglos, en la escuela primaria de Largo de Leão, en Lisboa, declamando *«nueve, nueve menos nueve, cero»*.)

Añado al comentario que fue durante el transcurso de aquel interrogatorio cuando retuve como marca personalísima de aquella médico la correa bordada con colores en el reloj que usaba.

Me demoro un poco con las fotocopias de la caligrafía de ese hombre en las pruebas de habla y escritura que tengo ante mí. Son una sucesión de caracteres cuneiformes trazados con desdén, que no debió de molestarse en mirar. Sólo en las últimas pruebas de esa caligrafía enloquecida presenta la firma una aproximación a la mía verdadera; en las otras se muestra obscura, sólo la *J* se mantiene reconocible: la *J* de José, la letra menos espontánea de mi identificación.

Sin nombre y sin firma, este que soy yo entre las paredes de un hospital se encuentra en un paisaje anónimo con gente anónima (el personal, los visitantes). Sin nombre, imagínense. Y, sin embargo, «los nombres nos penetran hasta los huesos», afirmaba Hemingway, viajero de las muertes, en *El jardín del Edén*. Simplemente, en mi hombre sin memoria tanto el nombre que le había pertenecido como el de los personajes que llenaron su existencia se habían enquistado y se habían deshecho en polvo. Aun así, de vez en cuando daba muestras de intentar recuperarlos:

14.01.95

José Cardoso Pires
30.01.95

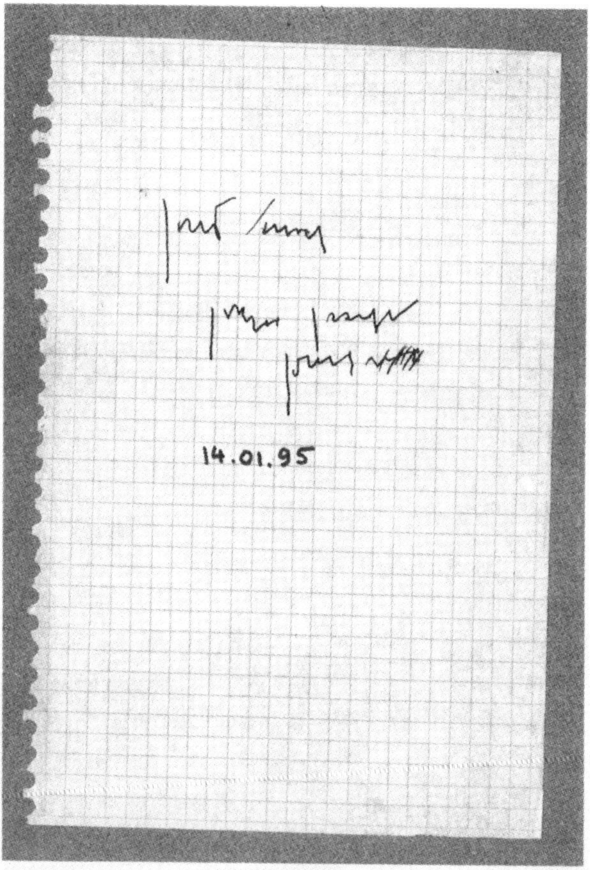

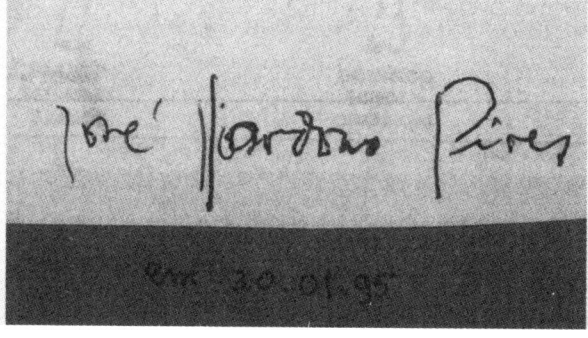

«Yo tengo hijos, ¿verdad?», pregunta a Edite. (Yo. Una vez más el sujeto solitario, nótese.) «¿Cómo se llaman?»

«Tenemos dos hijas: Ana y Rita», responde ella.

«¿Rua?»

«No, Rita», dice Edite.

Y él: «Sí, Rua». (Pensaba haber dicho Rita, es evidente.) «Y entonces, ¿António Nuno?»

Edite: «António Nuno era un hermano tuyo, que murió hace mucho. Nosotros, además de las hijas, tenemos dos nietos».

Él: «Sí, dos nietos. ¿Cómo se llaman?»

Edite: «Joana y Rui».

Él: «Rui. ¡Qué nombre más feo!»

Los nombres. La preocupación por reconocerse vivo, identificándose mediante la identificación de los otros. Durante la travesía por las tinieblas blancas, los diálogos con Edite fueron en gran parte una búsqueda de referencias, una indagación totalmente inconsciente para intentar recapitularse y volver a ser un individuo con pasado. ¿Quiénes eran la familia y los visitantes que se le aparecían? ¿De dónde venían y qué vinculaciones tenían con él? Lo peor es que muy raras veces se preocupaba por situarlos en su vida (había aceptado que no tenía capacidad para ello, ésa ha sido la impresión con que me he quedado hasta hoy) y, como máximo, se ponía a mirarlos sin verlos.

Allí lo tengo, anulado y discreto. Allí me tengo, con Edite a la cabecera. En la habitación en la que lo acomodaron están esos dos rostros comunicando de cama a cama, dos sombras hablantes, si bien las sombras, aunque hablen, nunca tienen voz. De modo que permanece desierto y sin sobresaltos, con días vagos y sueños limpios. Está a merced de un coágulo que le traba la circulación del cerebro y anuncia un fin aterrador, pero él no lo sabe, ni siquiera lo presiente. Está distante, lejos. ¡Qué lejos, Dios mío!, pensará Edite.

Por lo demás, la desmemoria no sólo lo aisló de la realidad objetiva, sino que, además, lo privó, podríamos decir, de sentimientos. Perdió los estímulos de aproximación, porque, sin la conciencia de la identidad que nos sitúa y nos define en un *framework* de experiencias y valores, nadie puede ser sensible al valor humano del prójimo. Sólo se pueden reconocer sus virtudes y sus males como significantes sentimentales en contrapunto con la conciencia de nuestra identidad, es decir, con la tradición de comunicación que ejercemos con la sociedad y con nuestra memoria cultural. A él tal cosa le estaba vedada, memoria, ¿adónde ibas? De ahí la total indiferencia con que navegaba por la superficie de las conmociones y los afectos, una indiferencia extrema que, sucediera lo que sucediese, no le hacía perturbar ni siquiera levemente la disciplina ambiente. A decir verdad, no sabía en modo alguno dónde se encontraba: ésa era la razón.

Observen, obsérvenlo: llegan amigos a visitarlo,

pero se le quedan en el umbral del recuerdo. Por el desenfoque de la vista, por ciertas expresiones evasivas o ciertas insensibilidades, se nota que no puede localizarlos con claridad. A uno de ellos sé que le vio los ojos nublados de lágrimas y tuvo una impensable vislumbre de extrañeza: qué era eso, parecía preguntar... pero frío, terriblemente frío.

«En vísperas de no partir nunca...»

Álvaro de Campos

Hace poco, al transcribir aquella frase de Hemingway, me recordé tropezando con mi nombre, cuando, después de que me retiraran el suero, me paseaba por el pasillo como por una galería sin historia. Evadido de la habitación y de los dos rostros de jaula que se lanzaban a saltitos palabras mudas uno al otro, como si fueran soplos de humo, me deslizaba por entre las puertas y paredes de una blancura suave.

Andaba por allí, transpuesto en cualquier Alguien de mí en un territorio satélite y sin vida. Aunque árida, la atmósfera era leve y luminosa y yo *transitaba por las personas* con una larga mirada sin rumbo: un animal que planeaba dentro de una redoma de cristal, así me imagino en aquel momento.

En aquel periodo, ya lo he dicho, las palabras que me llegaban venían ciegas. Sombras no había ni podía haber en una claridad tan absorbente (sólo hoy,

mientras escribo,
me doy cuenta de eso), no había sombras, no podía haberlas, a no ser la del Otro que andaba por allí, el Otro que no era, a fin de cuentas, sino una sombra salida de alguna parte de mí y se desplazaba por sí solo sin que se sepa en qué dirección ni con qué objetivo,
una sombra blanca deslizada en el blanco,
cómo fue que de aquella desconexión conseguí retener alguna lucecita que había brillado hasta entonces es algo que aún no he conseguido entender, pero, ¿retuve, de verdad? Retuve —
mejor así.

Es verdad, mejor así.

Paredes serenas y con blancura de perla; por entre ellas, los sonidos, las figuras y el tiempo, todo ello en un deslizamiento suave, sin densidad. Yo, una persona que era nadie, pasaba las tardes de hospital con un vagar inocente. Aun así, ocurrió que me saliera al paso mi nombre. Me salió pocas veces, cierto es, tres o cuatro como máximo, pero era un nombre que aparecía montones de veces repetido y desfigurado en los ficheros de la terapia del habla
un nombre que me hacía señas, que me hacía señas
José   José   José
con algo así como una provocación a distancia, José, ¡qué nombre más feo!, consideraba yo.

«Feo». En el vocabulario de las tinieblas blancas mi calificativo-clave era ése y probablemente sólo utilizado en la refutación de los nombres de las personas. Distaba de adivinar que, al volver un día a la comunidad de los vivos, iba a oír el mismo comentario de labios de un protagonista de Wim Wenders en la película *Lisbon Story*: el mismo, sin quitar ni poner, con el mismo sujeto y la misma frase incluso. Viajero exótico en el exotismo de una ciudad de la que desconocía absolutamente la lengua, el pasado y el presente (como me había ocurrido a mí en el ambiente al que la enfermedad me había arrojado), el personaje de Wenders pretendía descubrir una ciudad humana mediante sonidos y sólo sonidos, desvinculados de cualesquiera referencias culturales (sonidos ausentes de la memoria, diría yo).

Un refinamiento ocioso, el de querer reducir la comunicación entre seres humanos a una esencialidad tan artificiosamente concebida. Así sería, pero Wenders lo intentó. Debió de quedarse tan encantado con la idea, que no perdió tiempo enviando a un viajero con micrófono en mano a la ciudad de Ulisipo para descubrirla como metáfora en un montón de palabras sin alma.

Pero ocurrió que a lo largo de sus grabaciones el hombre de Wenders se topó con alguien que pronunció la palabra José. Y le pareció insólito: ¿José? Comprendió que se trataba de un nombre propio, pero sólo conseguía clasificarlo como una articulación de sílabas pobres. «¡Qué nombre más feo!», comentó frente a la cámara. Textualmente, como yo me había comentado a mí mismo en el Hospital de Santa Maria.

Adelante. Pasillo arriba, pasillo abajo, el Otro, que se desdobló de mí, se comporta en aquel planeta como un extra gratuito que el destino ha añadido al paisaje. Sigo recordándolo,
no tiene hora ni lugar, es la impresión que da,
una afabilidad insulsa en el trato con los médicos y con las enfermeras que lo acompañan
y tranquilo siempre, tranquilo prácticamente sin palabras, pero de vez en cuando con la luz discreta de media sonrisa para manifestar su presencia o como una deferencia para con las personas con las que se cruza.

Atención aquí, atención, porque alguien lo vio coger un periódico y quedarse con él colgando sin abrirlo. Dicen que se quedó unos segundos observando una fotografía de Cavaco Silva en la portada y que abandonó
lo dejó, está imposibilitado para leer, imposibilitado, pero
no se altera
sigue por encima.

A veces vamos a encontrarlo delante de un televisor en el que las imágenes se le presentan sin connotaciones unas con otras en un discurso conflictivo. Conozco ese desarrollo confuso o creo conocerlo y también sé que recibía las voces como ecos desvinculados de las personas, a menos que ésa, como otras rememoraciones, no pase de ser una «visión auditiva» que yo hubiera construido en el limbo de la posliberación de la muerte blanca.

Juego de los ecos, en ese caso. Falsa visión.

¿Sería así?

Pausa ahora en el invierno, sol agradable. Por encima del arbolado del hospital hay un palacio de cristales dorados, un palacio —no exagero— se ve desde la ventana de la habitación y yo lo miro con interés

él también, pero, pasado un segundo,

ya lo ha perdido, pese a seguir mirándolo. Esa figuración centelleante se repite en cualquier momento en que se aproxima a la ventana, pero, en cuanto se aparta, es como si hubiese abandonado una vidriera desierta.

Andar, andar, siempre andando. Departamento de Neurología,

cama, ventana, lavabos, pasillo,

pasillo arriba, pasillo abajo, a cada lado sólo ve habitaciones con las puertas abiertas y camas somnolientas,

en determinado rincón están sentados tres o cuatro enfermos en un banco. En bata (¿siempre los mismos?) y delante de la entrada a un ascensor que nunca llega. Con la postura impasible de personajes que se desconocen entre sí

parecen estar esperando la partida para un viaje confidencial.

Pasos, los pasos de él: perdidos. Hacia delante y

hacia atrás, perdidos. La costumbre. Si vuelve hasta el televisor, los enfermos que encontrará delante de la pantalla estarán todos sin rostro o es como si lo estuvieran, porque los olvidará en cuanto los alcance con la mirada,
si es que los alcanza.

Lo mismo le sucede con los dos compañeros de habitación entregados a sus diálogos de rostros.

Prosigo el inventario. Por encima de una puerta, no sé dónde, había un letrero que me obligaba a deletrear intrigado: SOIƆIVЯƎS. Me parecía una grafía cirílica. ¿Alfabeto eslavo?

Cada vez que pasaba por allí con Edite, me limitaba a señalarlo y ella, ya sin alzar la vista, respondía SERVICIOS. Entonces, sí. Yo conseguía leer y reconocía la palabra.

SERVICIOS. Era eso, debía de ser eso, pero inmediatamente volvía a la forma inicial SOIƆIVЯƎS SOIƆIVЯƎS SOIƆIVЯƎS, de tanto estudiarlo a solas y saber que era imposible, el letrero hizo que me preguntara,
sin exactitud de conciencia, cierto es, sin sobresalto,
pero me preguntara,
si no iría camino de la locura.

Increíble. Yo, el Otro de mí, en viaje de pasos perdidos y peguntándome si no iría camino de la locura, y el caso es que, desconcertante o no, la pregunta existió y, para mayor sorpresa, no la olvidé. Locura, camino a la locura: la cuestión se me planteó con una insistencia pasajera, pero en el estado en que me encontraba, ¿qué sería para mí la locura? ¿Cómo es que yo, impersonal y tan extraviado, recordé tal cosa a propósito de un letrero? Pensando en esa distancia, admito que esa perturbación pueda deberse a un eco de mi identidad del pasado: al afrontar aquel letrero como una provocación de la lectura y de la escritura, ¿era el ex autor de libros quien se estremecía en la ceguera en la que se había sumido y sacaba del fondo de su razón perdida el esbozo de una interrogación a la locura? ¿Sería así?

«La noticia de mi muerte fue una exageración.»

Mark Twain, en un telegrama a la Associated Press

Hasta que cierta mañana me despierto con claridad transparente y carcajadas crepitantes a mi alrededor. De un momento a otro, el sentido de la presencia, y todo concreto, todo vivo. La habitación: allende la ventana, el palacio de cristales dorados (que era el Hotel Penta, ¡quién lo diría!) y delante de mí dos rostros que me hacían compañía desafiándose a carcajadas de cama a cama, uno de ellos con un brazo paralizado y pegado al cuerpo; el otro, con auriculares al cuello y un *walkman* bajo la sábana. Los dos riendo, venga reír y reír y haciendo señas con un lagarto de plástico que sacaba una lengua con llamaradas.

Créase o no, en aquella habitación había dos candidatos a la muerte en el mayor de los carnavales: dos pajarracos hechos una ruina, al menos de aspecto. Y yo, en medio de tanta risa, descubrí (sin espanto, sin asombro: cuesta creer) que acababa de liberarme de una enfermedad más que maldita, de una ceguera o de una desconexión por la que había andado sin norte y sin días y, con un cambio de rumbo inesperado, todo —personas y luz, palabras y materia— había vuelto a la realidad. Con su existencia palpable, el mundo había dejado de ser anónimo. Ahora la bata y mis gafas se presentaban como evidencias familiares y hasta el lugar en el que me encontraba parecía circunstancial. Un poco al azar, me dirigí al lavabo y, al acercarme, me reconocí en el espejo: Yo. Yo, salido de la niebla, yendo al encuentro conmigo en la superficie de un cristal enmarcado y con la sensación o con la certeza (ah, sí, con la certeza y más que certeza) de que había recuperado la memoria. Increíble, la memoria había reaparecido, el coágulo de sangre, ese sello que me había estrangulado el cerebro, se había diluido en el secreto del cuerpo y ahí me teníais, renacido, delante de dos extraños que no cesaban de improvisar picardías entre sí.

Dos pajarracos hechos una ruina. Cuanto más los oigo, más los veo con esa figura. En régimen riguroso, esperaban que les indicaran la hora en que serían operados del cerebro («sacar el tapón» o «airear los sesos», como decían ellos), asunto en el que el del brazo caído se mostraba confiado y casi con vanidad. Estaba destinado al profesor A («destinado», así lo dijo) y, en realidad, el prestigio científico de ese neurocirujano representaba un privilegio y una garantía que el enfermo no se cansaba de proclamar delante de su compañero de los auriculares.

Lo que le inquietaba era que el profesor no se le aparecía, andaba por congresos o aulas magnas y a saber si no estaría a aquella hora rodeado de todo su equipo y operando un alma desentendida al son de marchas militares. Marchas militares, ¿por qué no? Y quien dice marchas militares dice sonatas o grandes sinfonías: un cirujano tan eminente tenía derecho a sus caprichos, explicaba mi vecino del brazo olvidado. Se llamaba Ramires, era constructor y bien parecido, contaba con relaciones en los hospitales y en la clase médica y se proclamaba al corriente de todo y más en lo relacionado con el profesor. Lo contaba y lo subrayaba con un tono casi legendario y yo, de regreso al mundo de los vivos, lo escuchaba con placer.

Pero, más que yo, lo escuchaba el enfermo de la otra cama, que ignoraba cuáles serían las manitas que iban a hurgarle en el cerebro, si lo entregarían a un remendón manazas —nadie estaba libre de eso— o a un cirujano bisoño, dado que sin sacrificados no hay principiante que llegue a buen puerto. ¿Y una doctora? También podía haber gente así, doctoras en descuartizar. En los tiempos que corrían, las mujeres no se atenían a reglas ni principios, pese a que estaba más que demostrado que, a la hora de cortar y coser, las doctoras debían dedicarse sólo a hilvanar telas, ¿verdad? «No se preocupe, amigo Martinho», lo tranquilizaba el otro, rebosante de generosidad, «esto de los sesos es sólo una maraña de laberintos y, para salir de ahí, el mejor doctor se limita a cerrar los ojos y sea lo que Dios quiera». Y Martinho: «Ya veremos, ya veremos. Menudo pillín me ha resultado usted, amigo Ramires».

Y se reían con ganas, cada cual envuelto en sus sábanas del miedo.

Según llegué a saber, ese Martinho era comerciante en Nazaré. Viejo y sin familia conocida, regentaba un local con bar y billares que tenía bien a la vista, según contó, el aviso de

PROHIBIDA LA ENTRADA A MENORES
O A ADULTOS EN BRAZOS

«Para que el asombro de la enfermedad durara siempre, en cosa de la memoria te convertí»

Anna Ajmátova

Abriéndose paso por entre dichos y carcajadas, llega Edite, junto con nuestras hijas. Vienen animadas, felices, y, tras ellas, la neuróloga del reloj con correa bordada, quien trae una sonrisa acorde con su natural sobriedad.

Cuando sale de la habitación, pasamos al pasillo. Alguien me felicita, como si hubiera sido yo el autor de ese triunfo, y un amigo psiquiatra expone lo esencial de la recuperación —«sorprendente, sorprendente», repitió— que me había sucedido. Al oírlo, pienso en el cerebro como el atlas vivo de las grandes marchas del hombre. Una masa luminosa apta para abarcar los infinitos de la más imposible grandeza, desde el mayor, cada vez mayor, hasta el más ínfimo de los más ínfimos, pero que se tuerce o se detiene con un minúsculo soplo de polvo, que se descodifica y queda neutralizado, acabado, que se recompone y nos devuelve la vida con un trazo calculado por la ciencia.

Me siento embargado de gratitud. Eso de que

alguien vuelva a empezar así, después de haber quedado anulado, es algo que deslumbra y supera el entendimiento.

Aquella noche me despertó un desfile de voces femeninas en la obscuridad del pasillo. ¿Enfermeras? Cantaban *Forever* (canción que yo había conocido muchos años atrás), como si llegaran de una fiesta para entrar en el turno de servicio, pensé. Era una procesión nocturna murmurada en inglés, casi un ritual que me hacía dudar de mi recuperación. ¿Delirio? ¿El avance hacia la locura que me había venido a la cabeza en el pasillo de los pasos perdidos? Con los oídos aguzados en la obscuridad, esperé a que todo acabara. Y acabó. El coro amainó como si estuviera alejándose y por fin se hizo el silencio. En la ventana había una cortina de invierno en forma de lluvia menudita.

Pero el rugido de un avión, un resollar poderoso camino del aeropuerto, rasga la noche y, como si obedeciera a una orden, en la cama a mi izquierda el contratista Ramires empieza a roncar en crescendo, acompañando la marcha del aparato. Se estremece con vibraciones, aumenta el sonido a medida que lo siente aproximarse, aumenta más y más y, cuando lo tiene justo encima del hospital, le lanza un tronar de rugidos que sacude la habitación de arriba abajo, y, a la inversa, empieza después a bajar el tono, gradual, gradualmente, hasta que el avión desaparece del mapa de la noche. Sólo entonces se da por satisfecho y vuelve a la respiración acompasada del sueño.

En la obscuridad, junto a dos hombres dormidos, intento volver la vista atrás más allá del meridiano de la muerte que acabo de rebasar esta mañana, pero sólo encuentro niebla luminosa. Dentro de una o dos horas, con los recuerdos de Edite y de los amigos de visita, voy a continuar el reconocimiento de la geografía sonámbula por la que navegué y que no era sino una transfiguración del universo de mi cuarto y de unos pocos pasos al margen de éste. Serán, muchacho, tus últimos paseos del exilio, en adelante salud y baile es lo que hace falta.

Pero el pasillo de las puertas abiertas y las camas somnolientas dejó de ser el camino sin límites que yo recorría en los tiempos ciegos. Su blancura ya no es de vacío y soledad ni de extensiones de luz fría. Al contrario, es casi íntima, hospitalaria y, detalle importante, exhibe enfermos que desfilan como por una pasarela de moda: tres o cuatro, no más, y todos los días los mismos.

Los miro. Pasan a mi lado batas recién estrenadas, chinelas para cobijar sosiegos; a la salida de una puerta, un desdichado que arrastra una pierna se arregla su burguesísimo batín con alamares; más adelante, otro interno avanza en bata con monograma y pañuelo de seda en el cuello, pero, por razones que sólo a él conciernen, lleva unos guantes de lana muy basta; otro más, un tipo enorme de pelo grisáceo, se muestra despechugado en un quimono de judoca y pantalón corto pegado al muslo y exhibe unas piernas ilustradas con adhesivos que cubren injertos de arterias o algo así. Brillos de presencia y uniforme: ¿deseo de superación del anonimato o de la marginación en que nos sitúa la enfermedad?

En una puerta vuelvo a dar con el letrero SERVICIOS, que me persiguió hasta la obsesión bajo la máscara bizantina de SOIƆIVRES y es una de las escasas imágenes que conservo del tiempo ciego.

Del tiempo nulo o pasivo: como se quiera.

De vez en cuando voy hasta la habitación y ahí está el amigo Martinho de los auriculares en los oídos recibiendo la música que le llega de debajo de las sábanas y meditando lucubraciones. En la cama de enfrente, el compañero Ramires permanece con los ojos cerrados y agarrado al brazo inerte: o está dormido o es que los dolores de cabeza lo obligan a mantenerse en esa postura, pero, si está dormido, podemos estar seguros de que, en cuanto aparezca en el firmamento un boeing o un airbus, no dejará de dar la alarma y empezará a roncar en crescendo. «El ronquido del avión» llama Martinho a ese estruendoso toque de pecho que, por razones imponderables, es menos disparatado en los sueños de día que en los de noche.

Pero también puede suceder que, cuando está mudo y con los párpados caídos, nuestro Ramires esté sólo absorto en sus pensamientos y, si es así, no tardará en reanudarse el acostumbrado baile de las picardías, entre él y el de la otra cama:

«O mucho me equivoco o es mañana cuando el profesor me va a fijar la operación». (Ramires abriendo los ojos, con expresión de quien ha salido de una meditación debidamente meditada.)

Sonrisa de Martinho: «¿Operación con música o sin ella?» No hay respuesta por el lado de allá y Martinho repite: «Pues yo, amigo Ramires, anoche soñé con que el doctor estaba destapándome el intrínseco».

«¿Doctor? ¿Qué doctor?» (Ramires.)

«Uno cualquiera, no importa. Soñé que estaba descifrándome con el tapón quitado y que del centro de los sesos me salía un enjambre de mariposas».

«De avispas, querrá decir». (Ramires, riendo bajito.)

Y Martinho: «O eso, sí. La verdad es que mejor que sean avispas que mariposas, porque a las mariposas las atraen mucho las flores de cementerio. (Risa). En primavera, claro está».*

Ramires: «Yo aquí no sueño. Tengo la conciencia tranquila, ¿comprende?».

Martinho: «Soñar no es fácil».

---

* Primavera de los cementerios: mariposas, mariposas, pétalos revoloteando al sol por sobre las losas. Al redactar este diálogo, recordé la «mariposa-calavera» (*Acherontea antropos, L.)* que los mexicanos adoptaron como figurante en las procesiones de Carnaval.

Ramires: «Ah, no, ya lo creo que no». Se hace el desinteresado y de repente: «Dígame una cosa», agarra el brazo paralítico y lo atrae más para sí, «una cosa, amigo Martinho: ¿sabía ahí, nuestro amigo, en el sueño quién era el doctor que estaba quitándole el tapón? Sí, el operador, el cirujano. ¿Lo sabía? Claro que no lo sabía, así es el azar. Y quien no sabe se despierta —podemos estar seguros— con una corona de flores y un enjambre de mariposas por encima».

«Con avispas, amigo Ramires. Perdone, pero eran avispas.»

«Avispas o mariposas, para el caso es lo mismo. Yo al menos, si alguna vez soñara que me estaban quitando el tapón, lo que me saldría sería un angelito de alas blancas tocando la corneta con su pentagrama.»

Pronta carcajada de Martinho: «Pues sí. Y detrás del angelito iba usted camino del Cielo sin que el profesor le dijera adiós».

Martinho, comerciante con mucha experiencia del ramo de bares y billares, lanzó la carambola, dio por zanjado el asunto y volvió a emparedarse dentro de los auriculares para escuchar una música muy suya.

Entonces entró una enfermera que se puso a dar vueltas por la habitación, el termómetro, dónde estaba el termómetro, preguntaba, ¿ninguno de los señores presentes había visto el termómetro? Martinho se quitó uno de los auriculares: «¿El termómetro? Debe de andar por ahí». Y el constructor Ramires, con los ojos cerrados: «Puede que se haya derretido con la fiebre».

La enfermera no sólo se había acostumbrado ya a las bromas de aquel par de cuervos, sino que, además, los días en que estaba de buenas, procuraba imitar su tono. «Machista» había llamado hacía poco al pobre de Martinho, que en aquella ocasión parecía una calavera colocada sobre la almohada, porque se había quitado la dentadura. «Lo que le pasa a usted es que es un machista, a ver si se entera». Y con eso lo había dejado con la boca abierta, porque la de «machista» debía de ser una palabra de la que no tenía ni idea.

*«Sal deprisa, deprisa.
Ya casi mueren los ecos esta noche.»*

Herberto Helder

Dos o tres días más y levaría anclas y abandonaría la isla de los náufragos para revivir la casa y el mundo y volver a la escritura y a los libros en las últimas líneas en que los había dejado.

Con un golpe repentino había perdido la integridad del habla y con el mismo golpe había perdido los valores de la grafía y había quedado analfabeto de mí y de la vida. También repentinamente, reanudé todo eso, pero fue necesario algún tiempo para comenzar a tener conciencia de tamaña felicidad.

Al principio, por prudencia instintiva o casi por superstición, procuraba no comprobar la realidad que se me había devuelto y ejercitarme con cosas que me eran esenciales. Para reabrir los libros, temía que aún no fuera el momento, no había que perturbar la recuperación. Escribir, ni una línea después de la prueba salvadora con la que los médicos archivaron de una vez mi historial. Leer, leía los periódicos y sin la curiosidad que habría sido de esperar, tal vez porque el foso que separaba la fortaleza del hospital de la humanidad exterior aún no estuviera instintivamente superado.

No, lecturas pocas, al menos de momento. Y lo relacionado con escribir, ni pensarlo. Hasta salir del hospital en ningún momento quise abordarme (inquietarme, para ser más precisos) como sujeto de libros y escritura, identificación personal que hasta mucho después no llegué a relacionar con el letrero fantasma SERVICIOS SERVICIOS SERVICIOS que me perseguía a lo largo de mi erosión de la memoria y fue el único recuerdo que sobrevivió íntegramente a todo aquel aniquilamiento.[*]

En cuanto a lo demás, la desaparición de las tinieblas blancas volvió a situarme en una normalidad que me impresionaba por ser tan nítida y tan espontánea, tan natural. El minuto interrumpido y, al final de todo ese tiempo, continuado como si nada hubiese ocurrido; el libro abierto, en espera; las anotaciones a la vista; la frase abandonada a medias y proseguida con naturalidad: todo así, nada más sencillo.

Entretanto, hasta el final del internamiento fui teniendo noticias del Otro que era yo por las descripciones de quien lo había visto en la antigua niebla y entonces nombres, personas y casos volvían a poblarme la memoria. Sobre todo en el almuerzo

---

[*] El único, no. La hipótesis de la locura, por ejemplo, fue otro episodio del que conservo un recuerdo objetivo.

con Edite y en los paseos por el pasillo me recapitulaba y recapitulaba la pesadilla casi amable de la que me había liberado, aunque sólo hubiera traído de allí vislumbres fugaces, instantes o insinuaciones.

Al recorrer ahora el territorio del hospital que correspondía a ese escenario, encontraba muy de tarde en tarde detalles que me sugerían algunas señales de la aridez de la muerte blanca, atmósferas o cosas semejantes, reflejos de luces. Más aún: de paso, una o dos anotaciones casuales me permitieron reconstruir momentos concretos de mi marcha de sonámbulo iluminado. Los viajeros sin viaje, por ejemplo. Al final, frente al ascensor, el banco en el que, como ya he dicho, había visto personas como estatuas (la expresión no sería mía, desde luego, pero así fue como la tradujeron), pues bien, ese banco estaba ahí, existía. Existía, pero vacío, aunque me hubieran oído hablar de ocupantes «extraños» (¿enfermos sin rostro?). Prácticamente vacía, podemos decir, estaba también la sala del televisor, que era más un sitio de paso que otra cosa y me parecía un espacio abandonado con imágenes que se sucedían en la penumbra. Más adelante, había un despacho de enfermería que nunca había advertido, después el pasillo, el pasillo que había sido de los pasos perdidos, luego los servicios y después de nuevo la habitación, el punto final: allí acababa el mundo.

No, no acababa. Ahora que yo había despertado, el mundo volvía a empezar a partir de los dos compañeros de hospital de los que iba a separarme en breve y que hasta entonces eran mis personajes de cada día. Los vivía con atención. Con afecto incluso y, en cierto modo, con admiración. Se lo contaba a Edite para no perderme su fraseología ni su aletear en torno a la vida y la muerte.

Ramires, atravesado por risas y dolores, soñaba, con los ojos cerrados, con el médico de su redención y se embravecía con ronquidos infernales para expulsar los aviones que acudían a invadirle el sueño. Por su parte, Martinho, el viejo, pasaba parte del tiempo entre paréntesis, o sea, muy encerrado consigo mismo en los auriculares que le daban música para olvidar lo que sólo Dios sabe que le estaba reservado. De vez en cuando, los dos, para desentumecerse, se enzarzaban en charlas violentas combinadas con carcajadas y en momentos muy particulares Martinho se ponía a disertar con voz ponderada sobre el arte del billar.

Supongo que se centró en ese tema porque regentaba un bar con billares americanos en Nazaré y esa clase de billar no le merecía particular consideración. Según él, se trataba de un billar de cabalgada americana (veintiuna bolas en busca de un agujero) y, si lo había elegido como negocio, la culpa era del triste gusto del público de Nazaré, playa de palurdos. Para él, billar, lo que se dice billar, sólo lo es el francés y ninguno más. Ése sí que sí. Con tres bolas, como sujeto, predicado y complemento, el artista de mano de seda trazaba una oratoria geométrica encima del paño verde que resultaba pasmosa.

Sólo tuve conocimiento de ese discurso el día de mi despedida, pero, por la expresión de fastidio con que el contratista Ramires lo escuchó, deduje que no había sido una novedad para él. Para mí lo fue y en cierto modo lo tomé como un adiós que el viejo me dirigía. Yo partía, suerte que tenía, y él se quedaba, pero, por si acaso, quería que llevara conmigo una idea apropiada de su persona. Al disertar en una cama de hospital sobre carambolas a media vuelta, efectos de precisión, *massés* y rebotes preciosistas, era como si el viejo volara lejos de allí y de la muerte, presidiendo una constelación de estrellas locas que se movían en el cielo abierto.

Últimos preparativos para la partida: papeles de la secretaría que firmar; yo, con corbata y gabardina, esperando a Edite, pero era temprano, seguía siendo temprano. Ahí, en el pasillo, contemplaba por la ventana el arbolado del hospital, leía líneas sueltas de un semanario deportivo delante de mis compañeros, que se mantendrían —no me cabía duda— con ojos bien abiertos hasta mi despedida. Martinho se quitó el *walkman*, Ramires no decía ni palabra. Yo comprobaba la maleta, miraba el reloj. Allí fuera había una mañana luminosa.

En la habitación había un silencio en suspenso.

Listo. Ahí voy yo, Lisboa al sol, ahí voy yo y ahora, pasados unos meses, ya sentado delante de estas hojas de papel, me redacto en un capítulo de libertad atravesando la capital con Edite al volante. Escribo: es un mediodía de invierno.

Sólo, que, mientras escribo, hay lluvia en la ventana a mi izquierda y eso me obliga a añadir que el mediodía que estoy rememorando era (fue) un desgarrón de cielo y luz en una estación sombría. Regresaba a casa con un saludo de primavera en pleno mes de enero. Atrás quedaba la pesada babilonia del Hospital de Santa Maria, donde a aquella hora un cirujano, rodeado de todo su equipo, estaría reconstruyendo el cerebro de algún suspendido entre la tierra y el cielo. Le pongo música de fondo, una música burlesca, a ser posible, como el *Cuarteto de las disonancias* de Mozart. Música, ¿por qué no? En el renacer de cada vida la música es un privilegio bendito, ya lo decía el contratista Ramires con otras palabras y, hablando de Ramires, recuerdo la tarde en que su compañero, recostado en la cama, salió con esto para informarlo debidamente:

«Amigo Ramires, amigo Ramires, anda usted por ahí segurísimo de su profesor, pero, ¿no sabe lo que hacen ahora algunos hospitales?»

(Suspenso. Ramires mirando el techo y esperando.)

«Aplican», prosiguió Martinho, «un truco que ni usted ni el más astuto puede desenmarañar. Lo llevan al quirófano, a ver si me entiende, le enseñan un cirujano de primera, le ponen música, si es necesario —la música para ellos es un medio para atontar—, después lo ponen en manos de un anestesista: un pinchazo y esto y lo otro y, en cuanto nuestro amigo queda en punto muerto, en lugar de al cirujano propiamente dicho, lo entregan a un viejales a punto de pasar a la reserva o a un doctorzuelo cualquiera que ande por ahí muerto de hambre. ¿Entiende?»

Por mi parte, aprecié el aviso, lo aprecio, quiero decir, y aún me parece ver el desagrado impasible con el que Ramires escuchó aquel cantar de bellaco, con perdón. Lo escuchó, lo dejó reposar y, como respuesta a aquella lengua viperina, me invitó en voz alta y bien sonora a un festín de langosta, ostras de rechupete y champán francés que iba a preparar con todo detalle para el día en que se viera libre de aquel astillero de tullidos: así dijo.

Dos años. Dos años ya de aquello y hasta hoy no he dado por concluido para siempre mi viaje a la desmemoria, archivándolo en estas anotaciones escritas a la deriva con vestigios traídos por la corriente. Voy preguntando y reteniendo, perfeccionando la caligrafía de la recomposición y, cuando llego al convite de mi compañero de hospital a una celebración de langosta con champán, no vacilo en poner fin y firma al texto. He dicho y he vivido, *Acta est fabula*.

Como despedida, el festín anunciado me parece una viñeta apropiada, pero, si se me permite, le añado un hilo de música.

Enero de 1997

Entre líneas de una memoria

i) Memoria, memoria descriptiva y, de ahí, *Memoria de una desmemoria* podría llamarse este relato, si el rigor científico me permitiera un título de metáfora tan sutil y el gusto por la escritura no lo rechazara por exhibicionismo facilón.

Sin embargo, aun a riesgo de equivocarme, en la memoria o en la tragedia de la memoria fue en lo que centré, con mayor o menor acierto, el accidente vascular cerebral que acabo de relatar. No sé si ese enfoque será aceptable desde el punto de vista neurológico, pero la experiencia sufrida fue la que me lo dictó con la interpretación, forzosamente diletante, con la que he intentado describirla.

«Una de mis hijas dice que su padre opera memorias», contó el profesor João Lobo Antunes en una entrevista. Expresión feliz: así es como yo siento muy en lo íntimo esta definición del neurocirujano. Me inclino por creer incluso que difícilmente encontraré otra mejor en una síntesis más expresiva del fenómeno que he denominado muerte blanca.

Ya sé, la muerte blanca no existe, pero yo estuve en ella. Todo lo que me sucedió en esos parajes concernía a los otros, no me afectaba.
Era un glaciar, la muerte blanca: la memoria congelada.

Si el sueño es ya de por sí una memoria, ¿podrá el individuo soñar sin memoria?

ii) Entre líneas de esta Memoria o como se quiera llamarla, hay acontecimientos personales que, aunque ocultos, me parecen bastante próximos al accidente cerebral que acabo de describir, en particular un accidente automovilístico ocurrido tres meses antes. Lo recuerdo.
Fue todo obra del diablo, todo fulminante, brutal: un viaje solitario de diez horas al volante desde Burgos hasta Lisboa, un almuerzo tardío con Antonio Tabucchi y Marcello Mastroianni en el restaurante *Comida d'Urso* y, horas después, un montón de destrozos, tras chocar mi coche con otro a la salida del Parque Eduardo VII.

Insensibilidad absoluta después de la colisión. Comportamiento automático y memoria «automática» —digámoslo así— en las respuestas a las situaciones en una cápsula opaca: hechos, personas y lugares encerrados allí para siempre.

Entrada en la unidad de cuidados intensivos del Hospital de Santa Maria con tres costillas clavadas en la pleura. De aquellas largas horas de semiinconsciencia un solo recuerdo: el *flash* nocturno de una sala enorme con dos o tres médicos que hablaban en español delante de la camilla en la que me encontraba yo. Imágenes de árboles chorreando agua de lluvia allí fuera: los árboles del cercado del hospital, posiblemente.

A pesar de que mi traumatismo cerebral no fue una secuela de ese accidente, la alienación de la memoria que provocó constituye para mí una referencia perturbadora. La memoria como denominador común a dos desastres.

iii) En lo que he escrito he procurado no ceder a las elucubraciones circunstanciales por la prudencia que obliga a ceñirse a lo factual y a lo más estricto para no entrar en ámbitos que no me competerían.

También fue deliberado el propósito de no recurrir en mi trabajo a la colaboración de especialista alguno. No he pretendido ni podría pretender transmitir una experiencia tan compleja con la seguridad, siquiera aproximada, con la que la bibliografía médica la tiene ya más que descrita sin lugar a dudas. En vez de eso, me interesaba presentar el testimonio de un hombre de formación corriente en su enfoque de la pérdida de identidad que padeció a consecuencia de un accidente cerebral.

Siendo así, los errores, imprecisiones, prejuicios o ideas preconcebidas que se hayan advertido a lo largo de la narración deben permanecer como indispensables para la espontaneidad elemental y declaradamente personal que puede conceder algún derecho a salir a escena. Los errores o las imprecisiones son datos que ilustran la actitud cultural ante la enfermedad de dicho hombre corriente y, junto con su «modo de contar», pueden revelar la sintaxis de un comportamiento durante una crisis y tal vez algunos complejos de su interioridad.

iv) Una prevención atenta contra las seducciones que la ficción suele extraer de la naturaleza de un tema cargado de efectos y dramatismo.

Sobre todo en el «Diálogo con dos máscaras», interpretado por mis compañeros de habitación, ese riesgo de apropiación se presenta en la primera lectura, como no podía dejar de ser, dado que se trata de una recreación de personajes reales y sólo como recreación se podía transmitirlos.

Hoy Ramires y Martinho están vivos y totalmente recuperados. Al escucharlos, conocí una idea terrenal y casi mítica del médico, a un tiempo dignificadora y cargada de humor sacrificado en el discurso sobre la muerte. Ellos no preguntaban por los misterios de la enfermedad, preguntaban por la verdad de quien podía derrotarla. Los dos, en contrapunto, al situar al médico como referencia final, lo transformaban en *dramatis persona* de su «*commédia della paura*».

v) Un último comentario: creo que ningún escritor que ame de verdad la vida se justifica ante la posteridad en su esfuerzo de perfección y en sus fracasos y que ninguno trabaja su obra como si compusiera un Réquiem de sí mismo. Así, pues, este relato es una comunicación circunstancial, una anotación personal, pero es también un desahogo de gratitud por la competencia y la solidaridad con que se me trató en mi internamiento hospitalario.

Allí comprobé una vez más que, así como la literatura no es una academia de frases, tampoco la ciencia es un sagrario de tecnologías. Tiene que ver directamente con la ciencia como humanismo superior en el marco universal, como no hace mucho subrayó entre nosotros *Un modo de ser* de João Lobo Antunes. Semejante concepción es la que se afirma en el verso de Álvaro de Campos «El binomio de Newton es tan bello como la Venus de Milo» y se prolonga en uno de los mayores genios de la física de nuestro tiempo, Leo Szilard, cuando sostiene que «el científico creador tiene mucho en común con el artista o el poeta».

Con esa sensibilización, manifiesto aquí mi agradecimiento al profesor Rui de Lima y a los doctores João Cravino y Luís Beija, de Cirugía Cardiotorácica del Hospital de Santa Maria, y asimismo al profesor Castro Caldas y a la doctora Teresa Pinho e Melo, de los servicios de Neurología de ese establecimiento hospitalario.

J.C.P.

«La vida consiste en una cosa complicada y difícil,
imposible de describir, que consiste en ir tirando.»
JOSEP PLA

Desde LIBROS DEL ASTEROIDE queremos agradecerle
el tiempo que ha dedicado a la lectura de *De Profundis*.
Esperamos que el libro le haya gustado y le animamos
a que, si así ha sido, lo recomiende a otro lector.

Al final de este volumen nos permitimos proponerle
otros títulos de nuestra colección.

Queremos animarle también a que nos visite
en www.librosdelasteroide.com donde encontrará
información completa y detallada sobre todas nuestras
publicaciones y podrá ponerse en contacto con nosotros
para hacernos llegar sus opiniones y sugerencias.

Le esperamos.

«En apariencia una biografía del interesante novelista británico F. Rolfe pero, en verdad, una detectivesca descripción de las mil y una aventuras que vivió el propio Symons para escribir su biografía.»
Mario Vargas Llosa

«Una extraordinaria biografía novelesca.»
Félix de Azúa

«Los anglosajones poseen una palabra que designa nítidamente este tipo de libros, *quest*, entre los que figuran algunas obras únicas y magistrales como *En busca del barón Corvo*.»
Juan Manuel de Prada

«Una de las mejores novelas del año 2005.»
ABC

«Es, en fin, uno de esos libros que uno debe llevarse a una isla desierta para no volverse un misántropo.»
José Carlos Llop (El Mundo)

«Un ejemplo de sabiduría hecha literatura.»
Robert Saladrigas (La Vanguardia)

«Un hombre, tres mujeres, una lección que no olvidaría nunca, que no olvidaremos nunca.»
José Luis García Martín (La Nueva España)

«Son la intensidad de la escritura, la ausencia de retórica polvorienta y la extrema delicadeza de quien manipula los viejos papeles las fuerzas que sostienen esta novela y las que siguen atrapando al lector.»
Miguel Sánchez-Ostiz (ABC)

«Un libro injustamente preterido.»
Juan Manuel de Prada (ABC)

«Esta novela contiene una de las mejores historias escritas sobre la bondad, sobre lo necesario de la bondad, sobre lo poco aburrida que es la bondad.»
Francisco Casavella (El País)

«Si hay todavía lectores capaces de amar una poesía incapaz de exhibirse (mostrarse, presentarse) como tal, éste es un libro escrito para ellos.»
Eugenio Montale

«La claridad y limpidez son el sello de la modernidad, del clasicismo, de la apertura inquietante de la prosa de Lalla Romano dentro de la cual, el lector encuentra reforzado, confirmado, el espacio y la autenticidad de un arte todavía humano.»
Anna Maria Catalucci

«Las historias de David Kidd han sido una doble iluminación. Su íntima brillantez alumbra milenarios secretos que, más allá de su exotismo y su valor testimonial, resplandecen como obras de arte. Son miniaturas –sencillas, deliciosas, cómicas o melancólicas– que ilustran una catástrofe irreparable: la desaparición de una civilización milenaria y única.»
John Updike

«El relato de Kidd oscila entre la ficción y la realidad. Parece demasiado bonito para ser real, como las perfectas tramas de las sagas familiares de las grandes novelas chinas y victorianas. Su clímax, sin embargo, el inexistente capítulo final del libro, está escrito por los hechos: el desmoronamiento de un imperio de más de cuatro mil años. Conseguir esto en apenas doscientas páginas es asombroso.»
Alberto Manguel

«Pensar en Robertson Davies como en el eslabón perdido entre Charles Dickens y John Irving. Y pensar en *El quinto en discordia* —punto de partida de la Trilogía Deptford— como en su indiscutible cima creativa.»
Rodrigo Fresán

«Considero a Davies un autor tan universal que he decidido no enseñar lo canadiense de sus libros sino lo que tienen de maravilloso.»
John Irving

«Todos hemos conocido momentos de terror, pero nunca he leído un libro que transmita de tal forma lo que es vivir en un estado de terror permanente. Escrito por un periodista que ejerció como tal en la época de los generales en Argentina.»
Graham Greene

«Su relato de los años de guerra entre montoneros y militares es espeluznante.»
Félix de Azúa

«Una desternillante novela.»
Adolfo Torrecilla (La Gaceta)

«Obra maestra inscrita en la magistral corriente satírica que fluye en la literatura rusa.»
Moncho Alpuente (El País)

«Una hermosa novela.»
Francisco Solano (El País)

«Un libro original, maravillosamente escrito, que consigue revivir con éxito el misterio y el encanto de un trozo de mundo extraño y antiguo.»
Eudora Welty

«Nancy Mitford es uno de esos lujos literarios que ya no se estilan.»
Miguel Sánchez-Ostiz

«La gracia de tu estilo se basa en tu renuncia a distinguir entre la cháchara femenina y el lenguaje lirerario.»
Evelyn Waugh

«Increíblemente deliciosa.»
V.S. Pritchett

«La voz de Maxwell es una de las más abiertas de la ficción norteamericana, pero también una de las más sabias.»
John Updike

«Al igual que las voces de Austen, Turguenev o Tolstói han sobrevivido al paso del tiempo, también sobrevivirá la de Maxwell. Hay pocos escritores realmente grandes, William Maxwell es uno de ellos.»
Erica Wagner, *The Times*